KB264621

키즈아이콘

키즈아이콘은 아이들의 꿈과
생각을 키우는 신나고 재미있는
책을 만듭니다.

공룡섬에 간 타요

발행인 최종일 **발행처** (주)아이코닉스 **기획** 키즈아이콘
총괄책임 서현수 **편집책임** 박정은 **편집** 장보원 조윤수 김예진 이유진
디자인책임 이순영 **디자인** 김미선 권혜원 경희정 **제작책임** 신초희 **제작관리** 이수란 김미래 김세미
마케팅책임 김미경 **마케팅** 이창열 서연지 심동수 이경재 이미나 지승한 송호성
출판등록 2008년 11월 4일(제 2014-000009호) **주소** 경기도 성남시 분당구 판교로 255번길 64
고객센터 1566-0855 **홈페이지** www.iconix.co.kr
꼬마버스 타요 ⓒICONIX/EBS/SEOUL

⚠ 다칠 우려가 있으니 제품을 던지거나 밟지 마십시오.
⚠ 종이에 베이거나 긁히지 않도록 주의하시고, 특히 제품의 모서리에 다치지 않도록 주의하십시오.
※ 이 책은 독점 판권 업체인 (주)아이코닉스에 의해 제작되었으며 무단 전재와 복제를 금합니다.
※ 잘못된 제품은 구입 후 10일 이내 구입처에서 교환하여 드립니다.
※ 제품에 자체 결함이 있을 시 무상 A/S 보증 기간은 구입 후 3개월입니다. 단, 소비자의 부주의로 인한 파손이나 손해는 보상되지 않습니다.
※ 사용 중 분실된 구성품은 별도의 낱개 구입이나 교환이 불가능합니다.

꽁룡섬에 간 타요

키즈아이콘

꼬마 버스들이 놀이공원에서
신나게 놀고 있어요.
"정말 재미있다!"

"우리 이번엔 뭐 탈까?"
"공룡섬 놀이 기구 타러 가자!"
"좋아, 좋아!"

"응? 그런데 저 푸른 불빛은 뭐지?"
타요가 맞은편 산을 바라보며 말했어요.
"그러게……. 대체 뭐지?"
친구들은 반짝이는 불빛이 궁금해졌어요.

PLE COASTER

"우리가 직접 가서 확인해 보자."
꼬마 버스들은 줄지어 불빛이 반짝이던
산등성이를 향해 달려갔어요.

마침내 산등성이에 다다르자
막다른 길 끝에 있는 동굴에서
푸르스름한 불빛이 새어 나왔어요.
"저 안에 뭔가 있는 것 같은데……."

"타요, 네가 먼저 들어가 봐!"
"싫어, 로기 네가 먼저 들어가."
겁이 난 타요와 친구들은 서로 동굴에
들어가지 않으려고 옥신각신 떠들고 있었어요.

그 순간 동굴에서 푸른 불빛이 번쩍이더니
꼬마 버스들 옆을 빠르게 스치고 지나갔어요.

"으악! 도, 도깨비다!"

놀라서 벌벌 떨고 있는 꼬마 버스들 앞으로
아기 공룡이 조심스럽게 모습을 드러냈어요.

꼬마 버스들은 작고 귀여운 아기 공룡을 보고 안심했어요.
"우아, 귀여운 아기 공룡이네."
꼬마 버스들은 아기 공룡을 '티노'라고 부르기로 했어요.

티노도 타요와 친구들이 마음에 드는 듯이 주위를 빙글빙글 맴돌았어요.
"티노가 우리랑 놀고 싶은가 봐."

"우리는 놀이공원에 갈 건데, 너도 같이 갈래?"
타요가 문을 열어 주자 티노가 냉큼 올라탔어요.

꼬마 버스들과 티노는 함께 놀이공원으로 놀러 갔어요.

티노는 두리번거리며 화려한 놀이 기구와 사람들을 구경했어요.

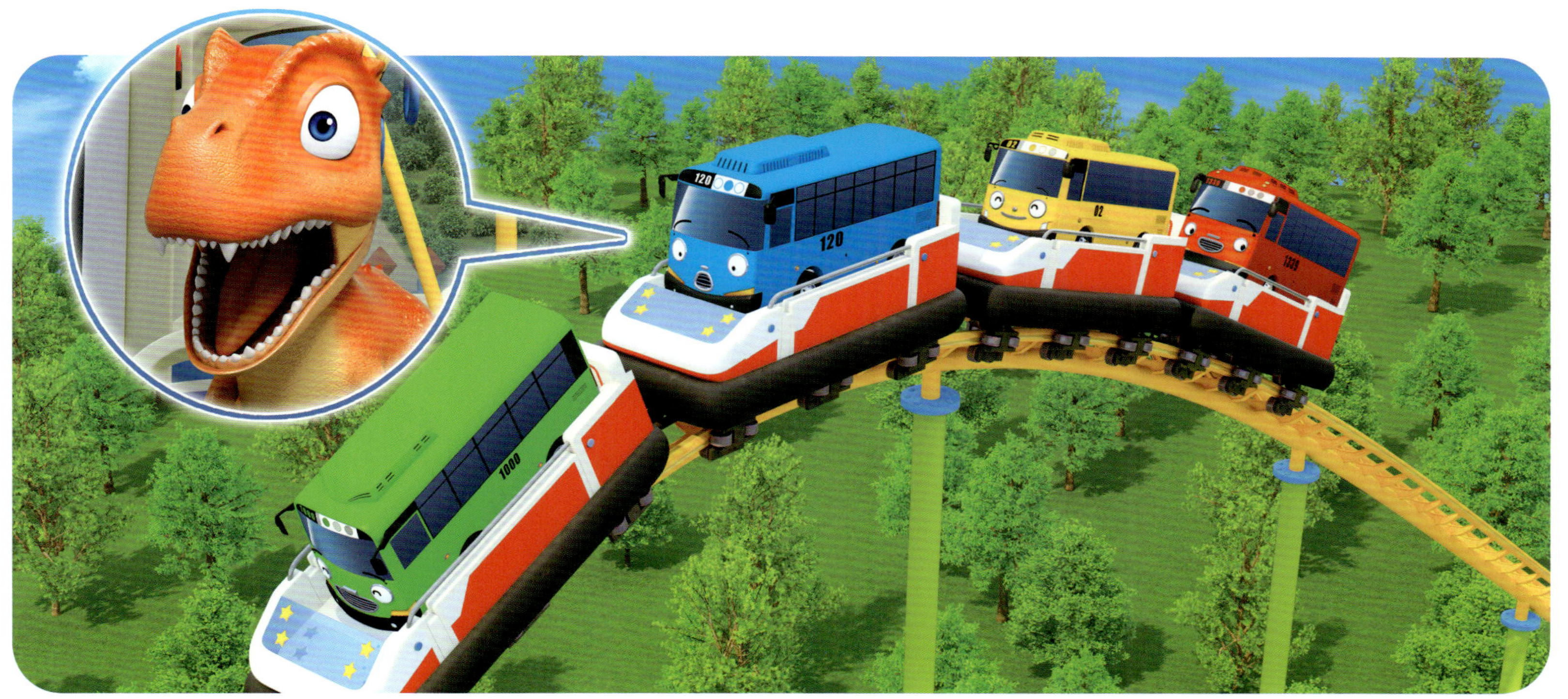

빙글빙글 회전목마가 돌자 티노도 신이 났어요.

오르락내리락 빠르게 달리는 롤러코스터도 재미있었어요.

"이번엔 공룡섬 놀이 기구를 타자."
"맞아, 티노도 좋아할 거야."
타요와 친구들은 새로 생긴 공룡섬에 도착했어요.

"티노, 여기가 공룡섬이야! 어때? 멋지지?"
그런데 갑자기 티노가 문 밖으로 뛰쳐나왔어요.
"앗, 티노! 어디 가?"

티노는 곧장 공룡 동상으로 달려갔어요.
"티노가 공룡 친구들이 그리운가 봐."

그때였어요.
"으악, 공룡이 살아 움직인다!"
티노를 본 사람들이 놀라서
소리를 지르며 허둥지둥 달아났어요.

그때 신고를 받고 놀이공원의 보안 차량이 출동했어요.
"거기 서! 공룡은 우리가 데려가겠다."
"안 돼! 잡히면 티노를 잡아 가둘 거야. 어서 도망가자."
꼬마 버스들은 티노와 함께 도망쳤어요.

1000
1000
120

꼬마 버스들은 산으로 이어진 길을 따라
힘껏 달렸어요.

꼬마 버스들은 처음 티노를 만났던 동굴 앞에 다다랐어요.
"이제 어떡하지?"
보안 차량들은 점점 거리를 좁히며 다가왔어요.

"저리 가! 티노는 우리 친구라고!"
타요가 용기를 내어 큰 소리로 외치는 순간
동굴에서 푸른 불빛이 번쩍이며
티노와 꼬마 버스들을 휘감았어요.

으아 아 아

잠시 후 꼬마 버스들의 눈앞에
드넓은 공룡 시대가 펼쳐졌어요.

"우아, 진짜 공룡이야!"
꼬마 버스들은 티노와 함께
신비한 공룡 시대를 탐험했어요.

"공룡섬 정말 재미있다! 마치 살아있는 공룡을 만난 기분이야."
"우리 다음에 또 놀러 오자!"
놀이공원을 떠나는 꼬마 버스들에게서 웃음꽃이 끊이지 않았어요.

120
120
1000